SOLFÈGE

à deux Voix égales

ÉLÉMENTAIRE et PROGRESSIF

avec Accompagnement de Piano

PAR

Emile Durand

Prix net: 6 f.
Cartonné: 30 c. en sus.

Le Même, sans Accompagnement, Prix net: 2.50.
Cartonné: 25 c. en sus.

Paris, MACKAR et NOËL Editeurs-Commissionnaires, 22 Passage des Panoramas.
1891

Inscrit sur la Liste des Ouvrages fournis gratuitement par la Ville de Paris à ses Ecoles communales

ÉLÉMENTAIRE et PROGRESSIF

avec Accompagnement de Piano

PAR

Emile Durand

Prix net : 6f

Cartonné : 30c en sus.

Le Même, sans Accompagnement, Prix net 2f50.

Cartonné : 25c en sus.

Paris, MACKAR et NOËL Editeurs-Commissionnaires, 22 Passage des Panoramas.

SOLFÈGE

À DEUX VOIX ÉGALES

élémentaire et progressif

par

ÉMILE DURAND

(*) Après avoir fait solfier aux *voix hautes* la 1re *partie*, et aux *voix graves* la 2de, *intervertir les rôles* : faire chanter aux *voix hautes* la 2de *partie*, et aux *voix graves* la 1re

(**) Les virgules indiquent les *respirations*.

(*) Après avoir solfié la leçon N° 3 dans l'ordre naturel des voix, *intervertir les rôles*, en passant les mesures X, Y, si la 1re partie y est *trop haute* pour les 2des voix.
(**) En second lieu, *intervertir les rôles*. (N° 4)

N° 5

Moderato (*)

(*) Intervertir les rôles.

(*) Intervertir les rôles (N° 6)

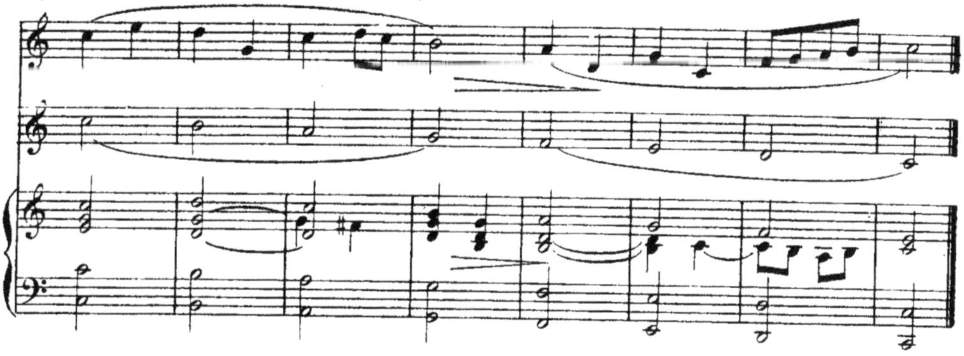

No 8 Andantino

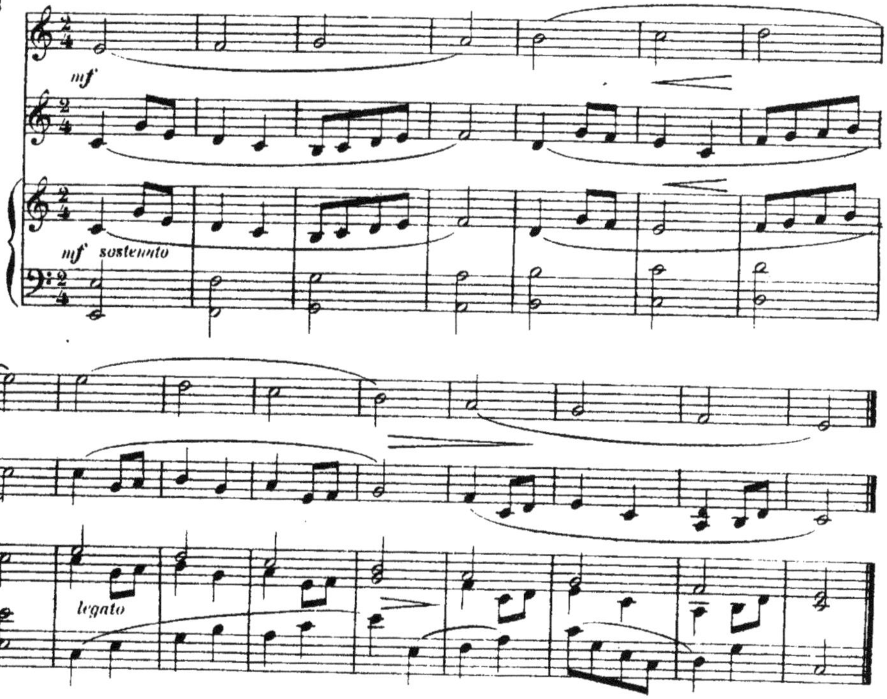
mf
mf sostenuto
legato

No 9 Allegretto

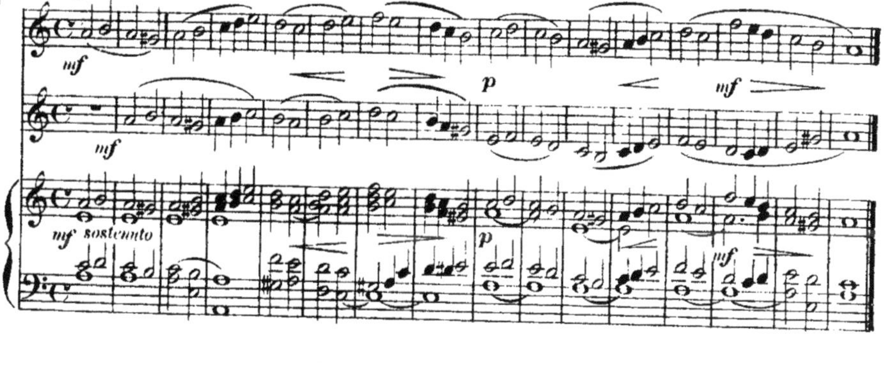
mf
p
mf
mf
mf sostenuto
p
mf

Nº 10

(*) Continuer à *intervertir*, autant que possible

f

f

p

p

N° 11

Allegretto

dolce

dolce

sostenuto

mf

mf

dolce

dolce

p

pp

p

pp

Nº 12
Moderato
p
cresc.
Nº 13
Moderato
p

p
mf
mf
p
mf
mf
p
p
p
p
f
p
rit.
f
p
rit.

Nº 14

Allegretto

Nº 15

Moderato

Allº moderato
Nº 16
legato
FIN
FIN
D.C.
D.C.
D.C.
Quasi larghetto.
Nº 17

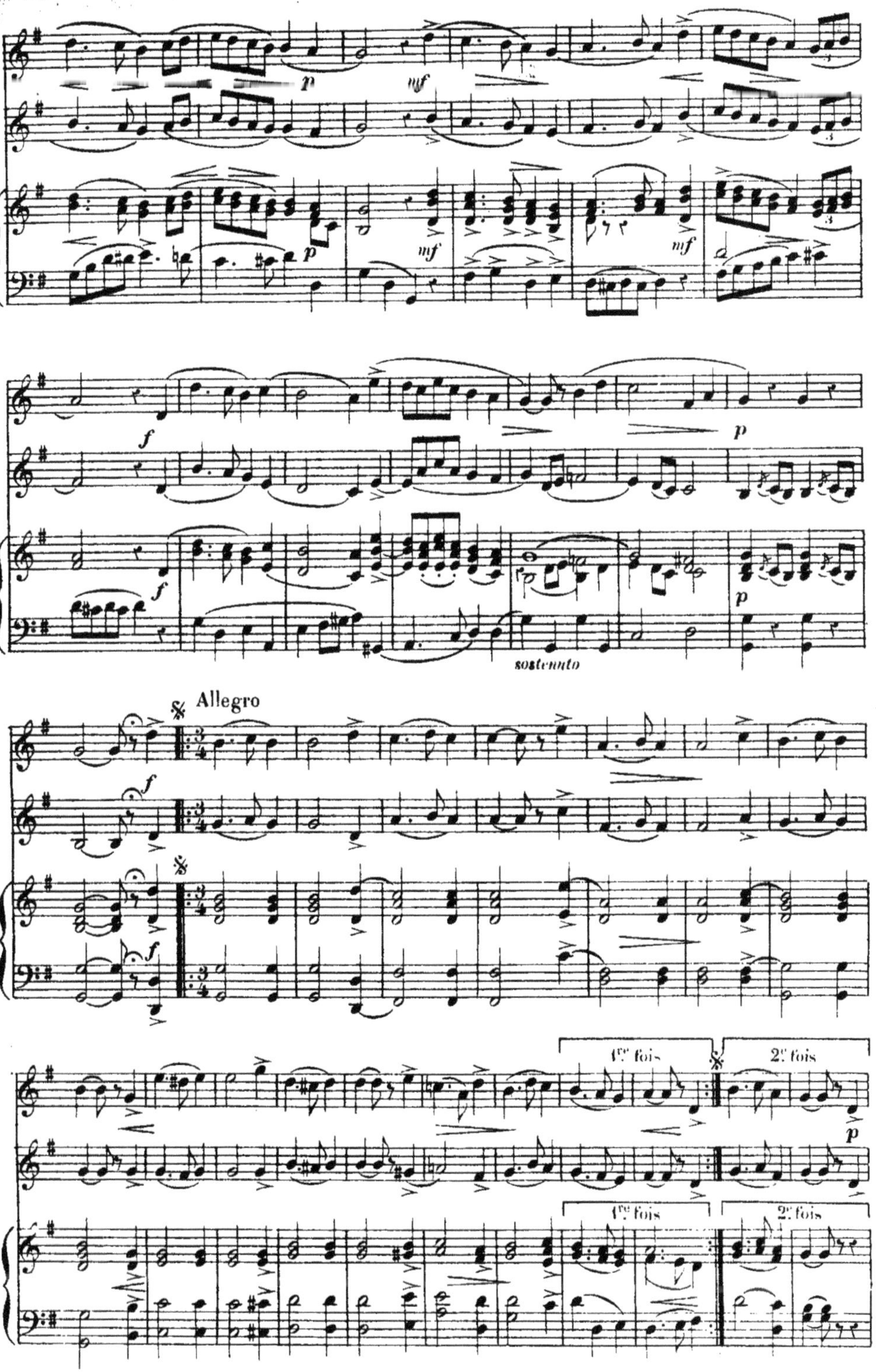

sostenuto
Allegro
1re fois
2e fois

f
p
p
cresc.
f
p
poco riten.
f
p
dolce
poco riten.
f
decresc.
p
sostenuto
1re fois
2e fois
p
rit.
1re fois
2e fois
rit.
Moderato
No 18
mf
mf
mf
mf

p
p
mf
mf
rall. f
rall.
Tempo giusto
N° 19
mf soutenu et bien rythmé
mf soutenu et bien rythmé

p
p
p
p
mf
mf
f
mf
f
mf

f
f
Molto moderato
Nº 20
dolce
dolce
sostenuto
mf
mf

Nº 21

Allegro

p

legato

p

p

p

№ 22
Moderato

sf
sf
rit.
dolce
rit.
dolce
Nº 23
Moderato
mf
sempre marcato ed
mf e marcato
un poco staccato
p legato e marcato
p

mf sempre marcato ed un poco staccato
sempre marcato

marcato molto.
marcato molto.
Nº 24
Allegretto

p
mf
mf
p
p
p
sf
p
p
f
f

Nº 25
Moderato
p grazioso
p
p
p
f
dolce
f
p
1re fois
p
p
1re fois
p

mf
mf
cresc.
D.C.
D.C
D.C
2e fois
2e fois

Nº 26

mf
mf
mf
mf
p
p
f
p
f
p

cresc.
cresc.
mf sostenuto

decresc.
morendo
Tempo giusto
N° 28
mf
mf sostenuto
1re fois
2e fois
p
poco a poco cresc.
mf

p
mf
p
f
p
mf
p
mf
p
f
p
mf
p
p

N° 29
All° mod^to
mf
p
mf sostenuto
f
sostenuto

No 30

sf
poco rit.
pp
poco rit.
pp

N° 31

Moderato

Andantino
Nº 32
dolce
dolce
dolce
dolce
p
p
p
mf
mf
marcato
p

N° 33

p allargando

p allargando

N° 34

Quasi all^tto

mf

mf

mf

mf

f

f

p

f

f
f
f
f
N° 35
Molto mod^to
p sostenuto
p

poco rit.

poco rit.

p

p

dolce

dolce

poco rit.

poco rit.

p

N° 36

Allegretto

dim.
rit.

N° 37

Andantino

dolce

dolce

p

mf

mf

f

f

f

dolce

N° 38

Mod.^to ma non troppo

p

p

1re fois

p e cresc.

mf *p e cresc.* *mf* *p e cresc.*

mf *p e cresc.* *mf*

D.C. 2e fois

mf

f
mf
f
f
mf
f
Nº 39
Moderato
mf
mf
mf sostenuto
mf
mf
mf
f
f

p
p
p
mf
mf sostenuto
mf
mf

mf
mf
f
f
p
p
p
p

Nº 40

Moderato
p
p
mf
mf
1re fois
dolce
dolce
1re fois
dolce
dolce
mf

p
mf
mf
p
mf
dolce
dolce
dolce
D.C.
2e fois
D.C.
2e fois

Nº 41
Andantino
mf
mf
mf
mf
mf
mf
8a bassa
8
mf
mf
mf
cresc.
cresc.
f
f
8

Nº 42
Allegretto
mf
ben marcato
mf
mf
mf
mf

f
f
p
p
f
f
p
p

poco rit.
a tempo
rit.
poco rit.
a tempo
rit.

No 43

f
f
8a bassa
poco rit.
p
poco rit.
p
8
allargando
D.C.
2e Fois
f
D.C.
2e Fois
allargando
f
marcato
p
mf
f
p
mf
f

p
f
ff
p
f
ff
p
f
ff
p
f
ff
Nº 44
Allegretto
p
p
mf
mf

(*) Abréviation de *tenue* (en italien: *tenuta*) équivaut presque au *point d'orgue*, mais, la note à laquelle elle s'applique ne *doit pas trop se prolonger.*

Nº 45

a tempo
poco rit.
sempre f
a tempo
poco rit.
f
a tempo
p rall.
f
a tempo
p rall.
f
poco rit.
poco rit.

poco più lento
p
f
p
poco più lento
p
f
p
morendo
pp
morendo
pp
Nº 46
Molto mod.to
p
sostenuto
p
p sostenuto
poco rit.
poco rit.

All.º non troppo
mf
f
p

Nº 47

Lorsqu'on substitue, accidentellement, la *division binaire* à la *division ternaire*, on indique cette *division binaire* par un 2.

Nº 48. Allegretto

Allegretto

Nº 49

D.C. 2e fois.
D.C.
f
ff
No 50
Allegro
mf

mf
mf
mf
mf
mf
f
f
f
ff
ff

Nº 51

mf
p
f
FIN
Moins vite
dolce
Moins vite
dolce
dolce

mf
f
dolce
mf
dolce
f
a tempo
poco rit.
mf
a tempo
poco rit.
f
f
mf
f
mf
1° tempo
poco rit.
D.C. al segno
poco rit.
1° tempo
D.C. al segno

Moderato
Nº 52
ff
ff
p
p
mf
mf

f
p
ff
mf
pp

Nº 53
All^tto moderato
p e leggiero
p e leggiero
p
p
mf
mf
1re fois
2e fois
dolce
1re fois
2e fois
dolce

p
p
p
p
sf
mf
sf
sf
mf
sf
sf
sf
sf

1re fois
2e fois

dolce
p
dolce
p
pp

Nº 54

Tempo giusto

mf

mf

mf

mf
f
p
p
f
p
sf
sf
ff
mf

p e cresc.
f
p e cresc.
f
p e cresc.
f
p e cresc.
f
ff
marcato

Nº 55

Quasi All^tto
p e cresc poco a poco
p e cresc poco a poco
f e dim poco a poco
f e dim poco a poco
Andantino
p e poco rit.
p e poco rit
mf
f
legato
mf
mf

sf
sf
sf
sf
mf
f
f
mf
mf
f
f
f
dim.
p
pp
dim.
p
pp

Nº 56
Tempo di polacca
mf
p
cresecendo
crescendo
f
1re Fois
f p

f p
pochissimo rit.
D.C. 2e Fois
f

Nº 57

All.º moderato

f

ff

f

ff

Nº 58

Tempo di Valzer

mf e leggiero

mf e leggiero

f

mf

f

mf

f

f

poco rit.
poco rit.
a tempo
a tempo

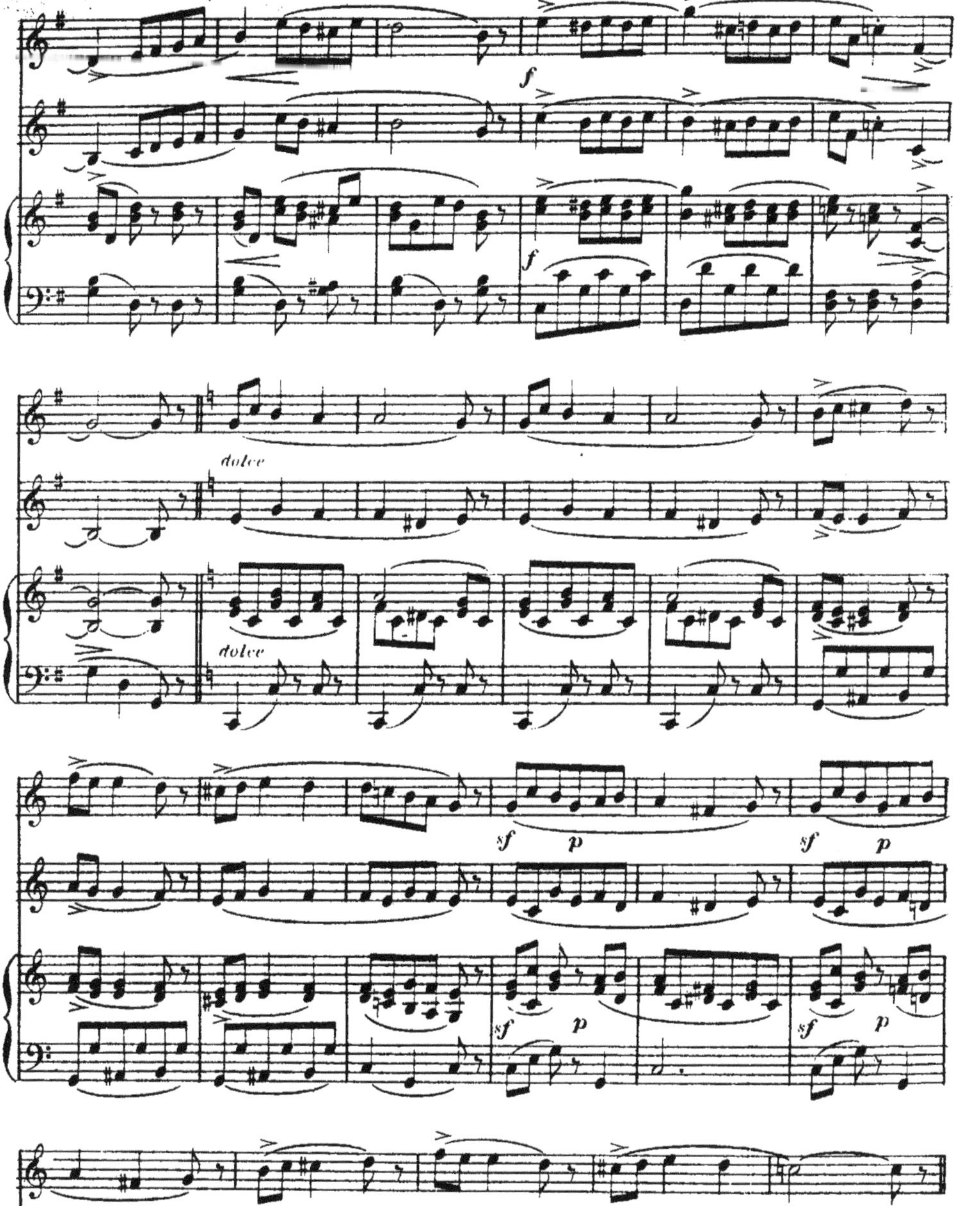
f
f
dolce
dolce
sf
p
sf
p
sf
p
sf
p

1.re fois
2.e fois
1.re fois
2.e fois

dolce
dolce
sf
p
sf
p
sf
p
sf
p
mf
mf

sempre f

ff
sempre f
ff
Nº 59
Andantino
1.
dolce e sereno
p
sforzando pochissimo
legato
dolce
mf
mf
2.
dolce
espressivo
poco sf
legato

dolce
mf
p
sostenuto
mf
f
mf
p sostenuto
mf
f
dolce
p
p
legatissimo ed espressivo
mf
p
mf
p

dolce
dolce
mf
p
p
mf
p sostenuto il basso
mf
f
f
p
p
mf
mf

mf
espressivo
dolce
f
f
f
rit.
a tempo
dolce
a tempo
rit.
dolce
poco sf
dolce

f
p
f
dolce
poco a poco rall.
poco a poco rall.
a tempo
f
dolce
f
f

Nº 60

mf e cresc.
mf e cresc.

p e scherzando
p e scherzando
f

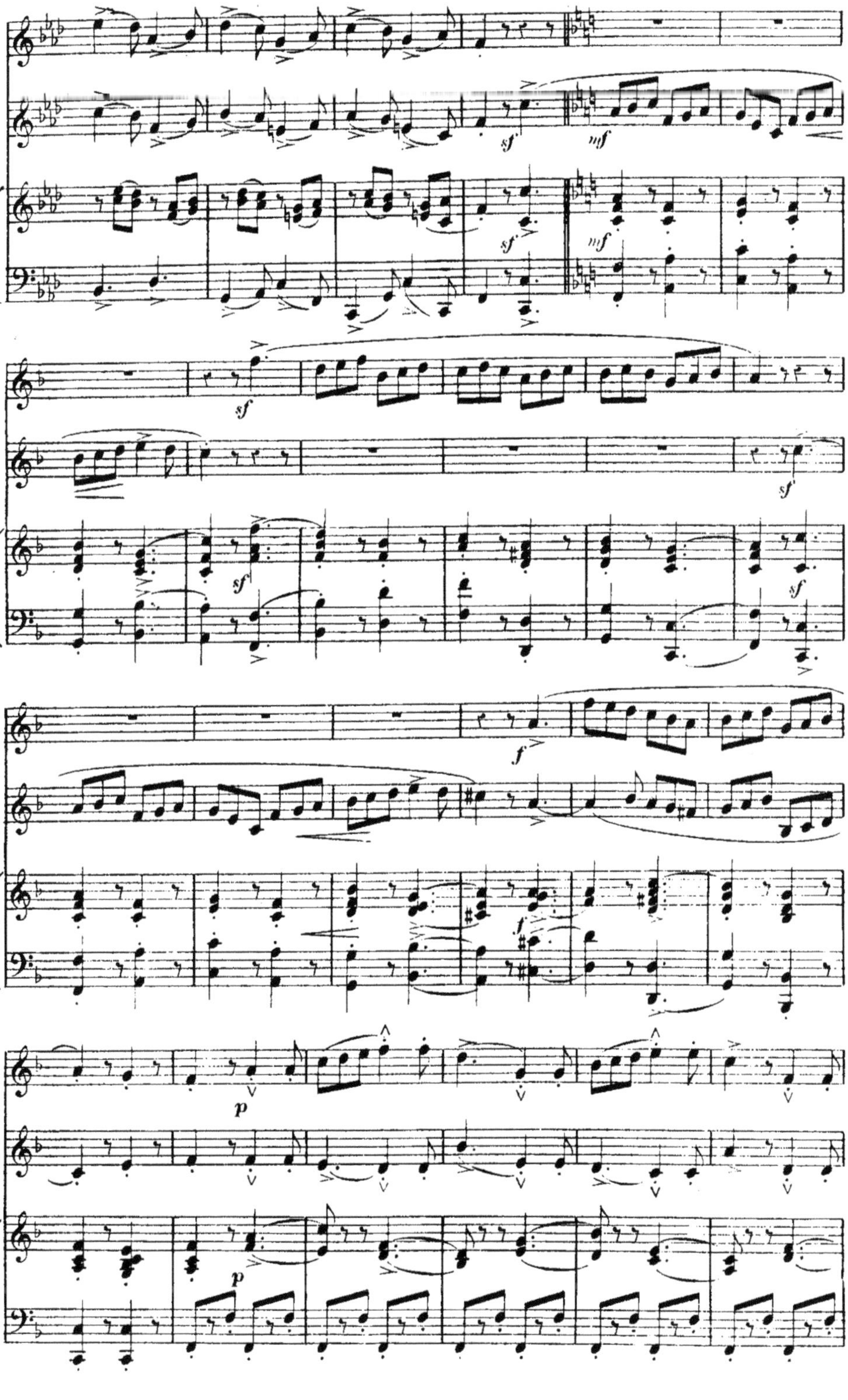
sf
mf
sf
mf
sf
sf
sf
sf
f
f
p
p

p
f
ff
sf

OUVRAGES DE E. DURAND.

Professeur au Conservatoire National de Musique.

SOLFÈGE ÉLÉMENTAIRE ET PROGRESSIF, théorique et pratique, avec accomp[t] de Piano, inscrit sur la liste des ouvrages fournis gratuitement par la Ville de Paris à ses écoles communales........ Net 6f ,,

Cartonnage.... Net 0, 30.

Le même sans accompagnement........ Net 2, ,,

Cartonnage.... Net 0, 25.

QUESTIONNAIRE, marchant parallèlement avec le solfège précédent........ Net 0, 50.

LEÇONS DE SOLFÈGE, pour les voix graves d'enfants, correspondant aux exercices du même solfège........ Net 1, ,,

SOLFÈGE À DEUX VOIX ÉGALES *(Clé de Sol,)* élémentaire et progressif, avec accomp[t] de Piano, inscrit sur la liste des ouvrages fournis gratuitement par la Ville de Paris à ses écoles communales........ Net 6, ,,

Cartonnage.... Net 0, 30.

Le même sans accompagnement........ Net 2, 50.

Cartonnage.... Net 0, 25.

SOLFÈGE MÉLODIQUE ET PROGRESSIF, pour l'étude des trois Clés d'Ut usitées, avec accomp[t] de Piano, faisant suite au solfège élémentaire........ Net 6, ,,

Cartonnage.... Net 0, 30.

Le même sans accompagnement........ Net 2, ,,

Cartonnage.... Net 0, 25.

TRAITÉ DE TRANSPOSITION au Piano *(théorique et pratique)*........ Net 5, ,,

LES CONTRE-COUPS, Ronde, Paroles d'Hippolyte GUÉRIN........ 5, ,,

La même en petit format........ 1, ,,

LES PRUNES, Triolets, Paroles d'Alphonse DAUDET N° 1 en SOL pour Ténor. 5, ,,

d° .... N° 2 en FA pour Baryton. 5, ,,

La même en petit format........ 1, ,,

www.ingramcontent.com/pod-product-compliance
Ingram Content Group UK Ltd.
Pitfield, Milton Keynes, MK11 3LW, UK
UKHW021822190726
13853UKWH00003B/1135

9 782329 580609